AF357013

A QUELQUE CHOSE
MALHEUR
EST BON.

COMÉDIE-PROVERBE.

*Par M. DE LA R***, ancien Capitaine d'Infanterie au Service de France.*

A LIEGE,

Chez J. J. TUTOT, Imprimeur-Libraire, près Saint-Hubert.

ET A PARIS,

Chez VALADE, Imprimeur-Libraire, rue des Noyers, vis-à-vis Saint-Yves.

M. DCC. LXXX.

L'HEUREUSE RENCONTRE.

P R O L O G U E.

*Le Théatre repréfente une forêt ; on voit fur le
devant quelques gros tronçons d'arbres, ou une
éminence de gazon fur laquelle on puiffe s'affeoir:
le refte eft au choix du Décorateur.*

A C T E U R S.

L A R I M E , *Poëte.*

S A N S - C H A G R I N , *Militaire retiré du Service.*

S C E N E   P R E M I E R E.

L A R I M E , *mis felon le coftume des Poëtes peu
riches : un habit noir complet , un peu fec ; une
épée de deuil , &c. quelques rouleaux de papiers
fortent de fes poches.*

JE dois être prêt de B*** !
Cette forêt eft.... je crois, éternelle ;
Elle ne finit point : j'avance.... lentement !
   Mais repofons-nous un moment,
Quitte à recommencer à marcher de plus belle.
   (*Il s'affeoit & pofe à côté de lui un petit paquet
   couvert de toile cirée , qu'il porte fous le bras.*)
   Ouff... je fuis las... mais las... complettement,
Par ma foi, n'en déplaife à la philofophie ,
Il n'eft que d'être riche ; au diable les talens.
   L'argent fait feul le bonheur de la vie :
     Par lui la laide eft embellie ,
Et l'être le plus fot acquiert mille agrémens !....
    Par-tout on vante l'opulence,
     Et les imbéciles mortels,

(4)

Dans leur aveugle démence,
  Lui dreſſent par-tout des autels !...
 (*Avec enthouſiaſme, & ſe préparant à continuer ſa*
  route.)
Morbleu !... je veux venger l'humble & triſte indigence :
  Je veux dans des vers immortels ?...
Bon !... je ſerai ſifflé... mais ſifflé d'importance !...
Il vaut bien mieux me taire .... & prendre patience.
(*Sans-Chagrin paroît.*)

SCENE II.

LA RIME, SANS-CHAGRIN,

SANS-CHAGRIN. *Il arrive ſur la Scene en achevant ſon couplet. Il eſt vêtu d'un uniforme de Dragons un peu ſec ; guétré, un petit havreſac ſur le dos, un violon en ſautoir, & une paire de fleurets ſous le bras gauche : une pipe dans le retrouſſé du chapeau, &c.*

A I R : Paris eſt au Roi, &c.

L'Amour & le vin,
Reglent mon deſtin ;
Jamais de mon réduit
N'approche l'ennui,
Je me crois, ma foi,
Plus heureux qu'un Roi.
Nargue de tout plaiſir,
Qui coûte un ſoupir.

(*Avec franchiſe, & militairement.*)
Bon jour, mon camarade, allons de compagnie,
  Nous raccourcirons le chemin :
  La ſolitude & m'attriſte & m'ennuie.
Ne craignez rien, au moins !... oh, je vous notifie
Qu'il n'eſt ſous le ſoleil un plus honnête humain
Que celui qui vous parle. --- Et ſoyez-en certain.
(*A part.*)
Touchez donc là, l'ami... Parbleu, ſa reſſemblance
Me frappe !...
LA RIME, *à part.*
Il fait aiſément connoiſſance !...

(5)

S A N S - C H A G R I N.
Sans façon, votre nom ?

L A R I M E.
Mon nom ?

S A N S - C H A G R I N.

Parbleu, le mien,
Pour commencer, fut toujours Sans-Chagrin.

L A R I M E.

Quoi !... Sans-Chagrin !... ô par la double cîme,
Par Apollon !... quel plus heureux deftin !...
Embraffe donc ton ami de la Rime.
Je ne te reconnoiffois pas !
Dix ans fur ta figure, ont fait bien du fracas !...
Mes traits également, font altérés, je penfe ?...

S A N S - C H A G R I N.

Affez pour avoir peine à te nommer d'abord.
Mais fans tarder, dis-moi, quel eft ton fort ?
Si j'en jugeois fur l'apparence,
Tu ne me fembles point un bien riche Mylord ?

L A R I M E.

Mon vieil ami, tu n'as pas tort.
(D'un ton de confiance & de dignité.)
En moi, tu vois un phénix d'éloquence,
Un Bel-efprit, dont le favoir immenfe
N'offre nul part fon égal ;
Qui par fon afcendant fatal,
(Ceci foit dit en confidence,)
Voyage à pied....

S A N S - C H A G R I N, gaiement.

J'entends ; faute d'un bon cheval,
(Sur le même ton de la Rime ;
fiérement, militairement.)
N'eft-il pas vrai ?... Ma foi, je t'offre la pareille,
Ainfi que toi, je fuis... je fuis une merveille !
J'ai fervi ma patrie, en brave homme, en héros.
Sieges, affauts, combats. ... de mes brillans travaux
Rien ne peut furpaffer la gloire !....
Mais laffé d'égaler Alexandre & Céfar,
Et voulant conferver mon nom mieux que l'hiftoire,
J'ai quitté le fervice, ainfi que tu peux croire,

Comblé d'honneurs; mais très-peu riche, car
Mars & Plutus, tous deux ne cadrent guere.

LA RIME.

Te voilà donc ton maître maintenant?

SANS-CHAGRIN.

Oui, je parcours aujourd'hui l'hémisphere
Incognito.... comme toi lestement,
Sans train, sans faste, à pied, tout uniment.
J'ai plus d'un talent nécessaire,
Et je m'en sers utilement
Quand la fortune au jeu m'est cruelle & contraire.
D'abord, qui mieux que moi montre plus proprement
(*Il s'escrime & porte plusieurs
bottes à La Rime.*)
A vous trousser son homme?.... Ah...ah...ah...

LA RIME.

Doucement,
Tu m'as touché, l'ami, trop rudement!...

SANS-CHAGRIN.

Vois cette quarte... & cette feinte en tierce?...

LA RIME.

Elle est très-belle, assurément.

SANS-CHAGRIN.

Ce n'est pas le seul art dans lequel je m'exerce!
Je puis être à la fois tout ce que l'on voudra:
Peintre, Musicien, Danseur......

LA RIME, *gravement.*

Et cetera,
Distinguons-nous par notre modestie,
Et ne montrons qu'une partie
Des lauriers immortels qui ceignent notre front;
Les siecles avenirs, sans doute, en parleront

SANS-CHAGRIN.

Oui; mais en attendant, mon très-cher, il faut vivre;
Notre gloire future est très-belle, d'accord:
Cependant, conviens-en; quel plus pauvre trésor,
Que l'espérance, ami, dont ton ame s'enivre!....
J'imagine un projet, je t'engage à le suivre;
En deux mots, voici mon dessein.

Affocions notre fortune ;
Peut-être qu'à nous deux nous en pourrons faire une ;
  Une brillante : eh , que fait-on , enfin ,
Ce que fera pour nous l'inconftante femelle ?
Notre rencontre, ami , me rengage près d'elle :
Qu'en penfes-tu ? moi , j'en augure bien.
As-tu , comme autrefois , un ample magafin
De Drames, d'Opéras. . . . d'heureufes bagatelles ?

LA RIME.

  Oui , fans aller plus loin ,
  Je puis. . . . (en aurois-tu befoin ?)
  T'en fournir dix des plus nouvelles ;
En profe, en vers . . . . de toutes les couleurs.

SANS-CHAGRIN.

  Eh bien , je t'offre des Acteurs.
Ils ont peu de talents , mais leur zele eft extrême ,
Et je te réponds d'eux , autant que de moi-même.

LA RIME.

Mais , me répondras-tu , dis-moi , des Spectateurs ?

SANS-CHAGRIN.

  Pourrois-tu craindre la critique ?
Lorfqu'elle eft fage , on doit la refpecter ,
  Et prudemment en profiter.
  Eft-elle injufte ? on y replique ;
Ou plutôt le fuccès , par fon pouvoir magique ,
  Nous venge fans doute encor mieux
  Des méchancetés de l'envieux.
Au refte , ne crains rien ; je te réponds d'avance
  De la plus complette indulgence.

LA RIME.

Ceffons donc , mon ami , tout difcours fuperflus ;
Hâtons-nous d'arriver , ne nous arrêtons plus.
    Vois là-bas ce nuage
  Qui s'avance infenfiblement ! . . . .
Il peut nous apporter un affez bel orage ;
  Crois-moi , fans plus long compliment ,
  Partons , plions bagage.
Je brûle d'éprouver le fort de mes talens ,
  De mes écrits , de mes ouvrages ;
  Tu m'as promis quelques fuffrages. . . .
Viens , nous partagerons les fifflets . . . . ou l'encens ,

PERSONNAGES.

LE COMMANDEUR, *Oncle d'Emilie.*

EMILIE D'ORVAL, *Amante du Marquis.*

Le Marquis DE FRANCOURT, *Amant d'Emilie.*

FINETTE, *Suivante d'Emilie.*

LAFLEUR, *Valet du Marquis.*

*La Scene se passe à l'entrée du Parc du Château de M.
le Commandeur, à quelques lieues de Nantes.*

A QUELQUE CHOSE
MALHEUR EST BON.

COMÉDIE-PROVERBE.

SCENE PREMIERE. (*)

LE MARQUIS, LAFLEUR.

LAFLEUR.

Mais, Monsieur le Marquis, vos derniers ordres, s'il vous plaît ?

LE MARQUIS.

Faut-il te le répéter vingt fois ?... je reste ; je reste ici, te dis-je.

LAFLEUR.

(A part.) Bon, bon.... (Haut.) Comment ! je ne vous conçois pas. Vous partez de Paris

____

(*) Le Théatre représente l'entrée d'un Parc ; on voit dans l'enfoncement une grille qui paroît clore l'enceinte d'un vaste Jardin : on apperçoit sur la gauche une partie des bâtimens du Château ; la droite doit offrir quelques Maisons villageoises.

5

avec tout l'enthousiasme d'un homme qui va faire à Nantes un riche mariage, qui vous est ménagé depuis six mois par M. votre Pere ; dix chevaux de poste que nous crevons en route, ne vous portent pas encore selon vous avec assez de diligence !.... Votre chaise se brise hier matin à l'entrée de ce parc. Vous donnez d'abord le chemin, la voiture, le postillon, & même votre serviteur à tous les diables : enfin, j'emploie tout le Village pour réparer notre désastre; nous touchons à une journée près le terme de notre voyage ; nous pouvons partir.... & vous ne partez pas !.... Daignez au moins m'en dire la cause.

LE MARQUIS.

Ah, mon cher Lafleur, c'en est fait, la tête me tourne ; je suis.le plus amoureux & le plus à plaindre des hommes.

LAFLEUR.

Pour amoureux, vous êtes d'âge & de figure à l'être ; mais pour à plaindre.... oh dispensez-moi d'en rien croire : eh, quoi diable vous manque-t-il ? Naissance, dignité, richesses.... que voulez-vous de plus !.... pour comble, vous allez épouser l'une des plus riches & des plus jolies personnes de la Bretagne !....

LE MARQUIS.

Arrête ; ne m'entretiens plus de ce projet, je le déteste, je l'abhore. Ah, ma belle inconnue d'hier occupe & regne seule dans mon cœur : va, je sens bien que je ne puis plus aimer qu'elle.

LAFLEUR.

(*A part.*) A merveille.... (*Haut.*) Eh, quoi, une ou deux heures au plus d'entretien que vous avez eu avec elle, là....réellement, Monsieur le Marquis, vous ont affez fubjugué pour vous empêcher de vous remettre en route ? Mais que favez-vous fi la beauté , fi les graces de l'époufe qui vous attend à Nantes , ne furpaffent point celles de votre inconnue ?

LE MARQUIS.

Je l'ignore fans doute, puifque je ne l'ai jamais vue : mon Pere ne ceffe, il eft vrai , de m'en faire dans toutes fes lettres le plus heureux portrait du monde : mais Meffieurs les Peres ne voient pas toujours avec les mêmes yeux que leurs fils !... Enfin , fût-elle un prodige, une divinité, j'y renonce pour toujours, te dis-je, & ne m'en parle plus : dis-moi plutôt quels renfeignemens tu peux me donner fur mon adorable ; que t'en a-t-on dit ; qu'en as-tu appris ?

LAFLEUR.

Très-peu de chofes, Monfieur.

LE MARQUIS.

Mais encore ?

LAFLEUR.

Prefque rien.

LE MARQUIS.

Sais-tu que je perds patience.

LAFLEUR.

D'abord , elle fe nomme Emilie.

LE MARQUIS.

Emilie ? dis-tu !

LAFLEUR.

Oui, Monfieur ; pourquoi donc ce nom vous étonneroit-il ?

LE MARQUIS.

Acheve ; je brûle d'impatience d'apprendre le reste.

LAFLEUR.

Le reste ne fera pas long. On la dit niece d'un certain Commandeur de Malte très-riche (dont on ne m'a pu dire le nom) qui vient d'acquérir depuis très-peu de tems, ce magnifique château que vous appercevez à deux pas d'ici, & dont le parc eft une dépendance.

LE MARQUIS.

Je n'y fuis plus !... De quel bonheur allois-je me flatter !... Pourfuis.

LAFLEUR.

C'eft d'ailleurs la premiere fois que M. le Commandeur & fa niece viennent occuper cette belle demeure : on m'a ajouté qu'elle alloit fe marier fous fort peu de jours, & qu'on attendoit au château d'une minute à l'autre fon pere & celui qu'elle doit époufer.... Tout en effet fe prépare pour fa nôce : je vous jure que la fête fera des plus complettes.

LE MARQUIS.

Que je fuis malheureux !... Quel moyen imaginerai-je pour l'entretenir une feconde fois ?

LAFLEUR.

C'eft, par ma foi, votre belle & bonne faute : pourquoi refufâtes-vous hier l'hofpitalité que M. le Commandeur vous fit offrir au moment de notre accident !.... j'enrageois tout vif de ne vous point voir profiter d'une difpofition fi favorable....D'abord, vous & moi nous aurions fait meilleure chere, & par l'événement, nous

ferions peut-être plus heureux.... Je dis nous ,
Monfieur ; car (ce que c’eft que la force de
l’exemple !) le même afcendant qui vous en-
chaîne ici fous les loix de votre belle Emilie ,
m’affervit, moi, fous celles de Finette, fon incomparable Suivante !... Par ma foi, Monfieur,
c’eft la perle des Soubrettes nées, exiftantes &
à naître.

LE MARQUIS.

Et cette fi belle perle, que t’a-t-elle dit ?

LAFLEUR.

Pas un feul mot encore, Monfieur ; cependant
fi je puis la joindre feulement quelques minutes ,
je tiens pour certain fa conquête : nous ne nous
parlons encore que par fignes ; mais la charmante
fripponne m’entend.... & très-bien, je vous
jure. (*Après une courte paufe.*) Il me vient une
idée : votre divinité (& la mienne) fe prome-
nent habituellement ici !.... Attendons-les de
pied ferme. Cependant , avant tout, quel eft
votre deffein ? Emilie vous auroit-elle donné
quelqu’efpérance ?

LE MARQUIS.

Aucune. Ebloui de fes charmes , enchanté de
fa douceur , de fon efprit ; mon ame toute en-
tiere au bonheur dont fa préfence m’enivroit,
n’a pu me fuggérer d’autre fentiment que celui
de l’admiration & de l’amour le plus tendre. Il
m’a paru feulement avoir fait une forte d’im-
preffion fur fon cœur ; j’ai même cru lire dans
fes yeux que je ne lui étois pas indifférent ; mais...
mais , voilà tout.

LAFLEUR.

Pefte ! ce voilà tout, me femble quelque chofe

à moi !... Et fambleu, que vouliez-vous donc
en fi peu de tems obtenir de plus ?

Le Marquis.

Rien, que ce que fa vertu pouvoit lui per-
mettre de m'apprendre : favoir, fi fon cœur étoit
libre ; fi je pouvois efpérer : mais inutilement
ai-je mis tout en œuvre pour y parvenir. Ecou-
tes ; voici une lettre pour elle : tâche de la lui
remettre, & reviens auffi-tôt m'informer de ce
que tu auras pu faire ; fonges qu'il n'eft (fi tu
réuffis) aucune récompenfe que tu ne puiffes
attendre de moi.

Lafleur.

Comptez fur mon zele, Monfieur le Marquis ;
mes talens vous font connus, & j'ai fait, ce me
femble, mes preuves.

(*Le Marquis fort.*)

SCENE II.

LAFLEUR.

Allons quêtons donc l'inftant où nos Déeffes
pourront paroître. Quelle extravagance cependant !... Ne devrois-je pas être plus raifonna-
ble que mon Maitre ?... Raifon, fageffe, philofophie, vous vous taifez toujours, vous êtes
toujours impuiffantes contre les charmes irréfif-
tibles de l'amour !... Mais la porte du jardin
s'ouvre. (*Il feint d'appercevoir Emilie & Finette, &c. mais elles ne doivent paroître qu'au
moment que Lafleur quitte la Scene.*) Serois-
ce ?... Oui... oui, ce font-elles. Ah, le diable s'en mêle ; M. le Commandeur les accom-

pagne.... il vient se promener bien à contre-
tems ! Eloignons-nous ; attendons à l'écart un
moment plus favorable pour paroître.

SCENE III.

LE COMMANDEUR, EMILIE, FINETTE.

LE COMMANDEUR, *à Emilie.*

Non, ma chere niece, je ne suis point du
tout content de vous. J'avois autrefois votre
confiance ; pourquoi ne la mérité-je plus ? Vous
me cachez quelque peine secrete, & votre ré-
ticence à mon egard, m'afflige d'autant plus
sensiblement, que vous ne pouvez douter avec
quelle ardeur je souhaite votre félicité.

EMILIE.

Ah, Monsieur, vous offensez mon cœur ; jamais il n'a été pour vous plus rempli de véné-
ration & de reconnoissance.

LE COMMANDEUR.

Tu ne me dois rien, ou peu de chose, ma
chere Emilie ; en faisant pour t'établir les petits
avantages dont je viens de t'entretenir, & que
tu prises trop fort, je satisfais mon cœur, que
tes vertus & les liens du sang remplissent pour
toi de la plus pure, de la plus vive tendresse.
Mais pourquoi si prête de te marier, annonces-
tu, si visiblement, une mélancolie qui t'est si
peu naturelle ? L'époux que nous te destinons,
ton pere & moi, auroit-il le malheur de te dé-
plaire ? Je ne le connois point ; mais pourrois-

tu foupçonner mon frere d'avoir flatté le portrait
qu'il nous en a fi fouvent fait à tous deux depuis qu'il eft queftion de ton mariage ?.... ou
plutòt ton cœur feroit-il prévenu pour quelque
autre ?... Parles-moi vrai , ma chere Emilie :
tiens , je foufcris d'avance à ton choix ; perfuadé
que je fuis que ta prudence n'en fauroit faire un ,
que tu ne puiffes nommer fans rougir.

E M I L I E , *avec émotion , avec fentiment.*

Ah , Monfieur , vos volontés , celles de mon
pere , font pour moi des loix que je refpecterai
toujours.... vos nouvelles bontés me pénetrent.

L E C O M M A N D E U R.

Raffure-toi , ma chere niece ; mais enfin que
je fache le parti que tu veux prendre : nous avons
devancé ici ton pere , & tu n'ignores pas qu'il
ne fauroit tarder de nous venir joindre ! vois la
lettre que je reçois de lui dans l'inftant.

(Il lit.) *» Nantes, le* 17 *, &. J'ai des nou-*
» velles certaines , mon frere , du départ de notre
» jeune Colonel ; il n'a différé de fe rendre près
» de nous , que parce qu'il n'a pu en obtenir plu-
» tôt la permiffion : je l'attends ce foir , ou de-
» main fans faute , & fur le champ nous nous ren-
» drons l'un & l'autre auprès de vous & de ma
» fille.... &c.

Tu le vois, le tems ne peut jamais nous être
plus précieux. Je rentre préparer ma réponfe à
ton pere ; médite fur la tienne.... & viens me
l'apprendre ; je l'attends.

(Le Commandeur fort.)

SCENE IV.

EMILIE, FINETTE.

EMILIE.

QUEL embarras !.... que faire, que dire, qu'écrirai-je à mon pere ?... Ah !....

FINETTE.

Ma foi, Mademoiselle, votre incertitude me fait pitié !... Chérie, comme vous l'êtes, de M. le Commandeur, je lui avouerois moi tout naturellement mon éloignement pour le Marquis, & j'attendrois le reste du tems & des circonstances.

EMILIE.

Tu n'y penses point Finette : quel motif honnête puis-je alléguer contre un projet formé depuis long-tems par mon pere, & auquel j'ai paru consentir librement dans toutes les formes ?

FINETTE.

Moi, je prétexterois.....

ÉMILIE.

Quoi ?

FINETTE.

Par exemple, des doutes, des soupçons, des craintes sur le fond du caractere & des mœurs du Marquis. Il habite Paris ; donc qu'il doit être inconséquent, léger, petit-maître.....

EMILIE.

Ah, je ne puis douter qu'il ne se justifie bien

tôt sur tous ces points : n'entends-tu pas de toute
part faire son éloge ?

F I N E T T E.

Eh bien, Mademoiselle, rabattons-nous sur
son extérieur, sur sa figure.... Tenez je gagerois.... oui, je gagerois qu'elle est très-com-
mune !... Ce motif n'est il donc pas d'un poids
assez grave pour nous décider ?

E M I L I E.

Tu te trompes encore : tout le monde me
confirme à cet égard le portrait que mon pere
m'en a si souvent fait en ta présence.

F I N E T T E.

Oh, Mademoiselle, imaginez donc vous-mê-
me, je ne fais plus que vous dire : en ce cas,
oublions donc notre singuliere rencontre d'hier.

E M I L I E.

Oui, la raison, la prudence... tout m'en im-
pose la loi ; tout condamne le penchant que je
sens se former dans mon ame.... Va, je rougis
de ma foiblesse, & je saurai la réparer.

(*Lafleur paroît dans le fond du Théatre.*)

S C E N E V.

EMILIE, FINETTE, LAFLEUR.

L A F L E U R, *à part.*

Bon, les voici seules ; approchons.

F I N E T T E.

Ainsi vous allez donc répondre à votre pere
d'après cette derniere résolution ?

E M I L I E.

Je ne fais , Finette, quelle puissance combat dans mon cœur une résolution si nécessaire à ma gloire & si décisive pour mon bonheur ! Allons, c'en est fait..... rentrons ; n'y pensons plus. Viens , fuis-moi.

LAFLEUR *touffe par affectation pour s'annoncer.*

Hem.... hem.... hem.

E M I L I E.

Que te veux ce Domestique , Finette ; vois ce que ce peut être. --- (*A part*) La fatale rencontre ! Quelle révolution opere-t-elle dans mon cœur !....

FINETTE, *en revenant sur le bord de la Scene.*

C'est à vous , Mademoiselle , que s'adresse son message.

L A F L E U R.

Oui , Mademoiselle : pardon , si je trouble votre solitude , mais j'ai ordre de vous supplier de prendre cette lettre.

E M I L I E.

De quelle part me vient-elle , mon ami ? je n'en reçois aucune fans en être inftruite.

L A F L E U R.

Mademoiselle , elle vient.... elle vient de mon Maître , l'un des plus riches & des plus qualifiés Seigneurs de la Cour : prenez la peine de l'ouvrir , vous verrez.

E M I L I E.

Seroit-elle de celui dont la voiture ?...

L A F L E U R.

Justement, Mademoiselle ; & voici de sa prose

ou de ſes vers , car l'un ne lui coûte pas plus que l'autre.

E M I L I E.

Je devrois n'en rien faire. --- (*A part.*) Mais que mal fais-je , après tout ? .... Je ne ſais...., jamais je n'ai été plus tremblante. ...

(Emilie lit ſa lettre.)

F I N E T L E , à part.

Et , je le gagerois , plus curieuſe.

L A F L E U R , à Finette à part.

Eh bien , bel aſtre de mon cœur ; je puis donc de vive voix vous avouer votre triomphe & ma défaite ? Tous les feux de l'Ethna ne ſont que froides étincelles près de la fournaiſe que vos charmes ont allumée dans mon cœur.... Avouez que vous vous ſentez diſpoſée à m'aimer de mê-me : nous abrégerons le cérémonial , & notre Roman ſera plus de la moitié fait.

(Il veut embraſſer Finette.)

F I N E T T E , à Lafleur, à part.

Vous êtes preſſant. --- (*A Emilie.*) Made-moiſelle ; j'entends Monſieur le Commandeur.

L A F L E U R , à Finette.

Au revoir , ma ſouveraine. (*A part.*) Ma miſſion n'eſt faite qu'à moitié , mais décampons.

(Le Commandeur paroît.)

SCENE VI.

EMILIE, FINETTE, LE COMMANDEUR.

EMILIE, *à part.*

CACHONS-LUI mon imprudence, & qu'elle ne forte point de mon cœur. (*Emilie ferme avec précipitation fa lettre : elle devra la mettre maladroitement dans fa poche , enforte qu'elle tombe à terre, fans qu'elle puiffe s'en appercevoir.*)

LE COMMANDEUR, *à Emilie.*

Je te croyois fur mes pas , ma niece ?....., Tiens voici la clef du petit belvedere ici-contre ; je viens d'y porter ma lettre..... va la finir ; le refte te regarde. (*Emilie & Finette fortent.*)

SCENE VII.

LE COMMANDEUR.

SON cœur n'eft point du tout libre..... Je n'en faurois douter !.... Depuis vingt-quatre heures feulement elle eft méconnoiffable ?..... Toutes les recherches que je fais pour en apprendre la caufe, ne peuvent m'en inftruire !.... L'époux que nous lui deftinions lui déplaît à coup-fûr !.... Mais qui pourroit donc avoir pu lui plaire ? Je ne lui vois point accorder de préférence fenfible à perfonne !.... Serois-ce ?.... Bon, je fuis fou..... quelle idée !.... Une con-

verfation d'une heure fuffiroit-elle !…. Parbleu,
je ne m'en étonnerois guere…. il faut fouvent
fi peu de chofe pour tourner la tête d'une jeune
perfonne !…. Ce paffant eft bien fait !…. il
annonce du génie, un grand ufage du monde !….
Après tout, fa voiture eft, dit-on, réparée ; il
va fans doute continuer fa route…. (*En ra-*
maffant la lettre qu'Emilie vient de recevoir, &
qu'elle a laiffé tomber.) Mais ce papier fortiroit-
il de ma poche ?… Voyons (*Il lit la fufcription*
de la lettre.) » *A MA BELLE INCONNUE.* «—
L'adreffe eft plaifante ; elle promet : lifons. (*En*
l'ouvrant.) Elle eft ma foi très − fraîchement
écrite.   (*Il lit.*)

> » *L'amour* (je m'en doutois bien) *le plus vif, le*
>   *plus tendre,*
> *Pour jamais vous engage & mon cœur & ma foi ;*
>   » *Je veux mourir fous votre loi,*
> *Recevez mes fermens, & daignez les entendre.*
>   » *Combien me trouverois-je heureux,*
> *Si ma bouche un inftant pouvoit vous apprendre*
>   » *Toute la candeur de mes feux !…*
> *Je dépofe à vos pieds ma fortune & ma vie :*
> *Ah, fi vous agréez mon hommage & mes vœux,*
>   » *Je n'ai plus rien à demander aux Dieux ;*
> *Mon fort feroit alors le plus digne d'envie.*

(*Après une légere paufe.*) J'y fuis, parbleu
j'y fuis : la belle Inconnue eft certainement
ma niece !… Le Poëte ?… Oh, j'ai le doigt def-
fus… voilà mon homme…. Mais plus j'exa-
mine ce caractere, & plus je crois le recon-
noître !… (*Il rit.*) Ah, ah, ah… rien, au
monde ne feroit plus plaifant : courons m'en
éclaircir, avant de la rendre à Emilie : je dois
en avoir de pareille dans mon cabinet !…. Non,
non, mes yeux ne me trompent point : vérifions…. vérifions. Ah, ah, ah….
         (*Le Commandeur fort, & le Marquis & Lafleur*
              paroiffent.)

SCENE VIII.

LE MARQUIS, LAFLEUR.

LAFLEUR.

IL fort content : qui diable peut si bien le faire rire ?

LE MARQUIS.

Tu dis donc qu'Emilie a daigné recevoir & lire ma lettre ?

LAFLEUR.

Non pas tout-à-fait, Monsieur.

LE MARQUIS.

Comment ?

LAFLEUR.

Parce que M. le Commandeur a eu la mal-honnêteté de survenir alors, & que votre divinité n'a pas jugé à propos de l'admettre dans sa confidence : mais prenez-moi, Monsieur, pour le plus fieffé sot que le Ciel ait fait naître, si votre Belle ne sait pas maintenant votre dépêche par cœur.... Oh, les filles sur ce chapitre ont une si excellente mémoire !....

LE MARQUIS.

Que je suis impatient d'apprendre l'effet que ma lettre pourra faire sur son cœur !.... Mais répete-moi bien tout ce qu'elle t'a dit ; n'en omet pas une demi-syllabe.

LAFLEUR.

Par ma foi, Monsieur, ma mémoire est très-

courte à moi ; & puis , lorſque je ſuis à jeûn ,
tenez , je ne retiendrois pas le diable.

L E M A R Q U I S.

Finiras-tu ?

L A F L E U R.

(*Le jeu de Laſleur ſe devine ; il doit être une
imitation de celui de Soſie dans* Amphitrion.)

Eh bien , lorſqu'avec cette grace , avec cette
fleur de politeſſe , & cet air intelligent enfin que
vous me connoiſſez , je lui ai remis votre lettre..
(*Il feint ici de contrefaire le ton de voix d'Emilie.*) » De quelle part me vient-elle , mon ami ?
» Je n'en reçois aucune ſans en être inſtruite.—
(*Il reprend ſa voix.*) Mademoiſelle , lui ai-je
dit , elle vient de mon Maître : (ici j'ai gliſſé
à deſſein quelques mots d'éloge ſur votre compte ;) & en la prenant .... » Je devrois n'en rien
» faire.... « Mais à bon compte , elle n'en a
pas mois briſé , & très-vivement , le cachet ;
enſuite.....

L E M A R Q U I S, *vivement.*

Paix, paix, je la vois paroître : ah , mon
cœur ſuffit à peine pour ſentir tout le raviſſement
que ſa préſence m'inſpire.

L A F L E U R.

Monſieur , admirez donc ſon incomparable
Suivante.

L E M A R Q U I S.

Viens ; éloignons-nous de quelques pas.
(*Ils ſe retirent vers le fond du Théatre, ſans
néanmoins quitter la Scene.*)

SCENE IX.

LE MARQUIS, LAFLEUR, EMILIE, FINETTE.

(Emilie & Finette arrivent lentement ; elles paroissent chercher à terre avec quelque soin.)

EMILIE.

J'EN suis désespérée.

FINETTE.

Comment avez-vous pu perdre cette lettre ?

EMILIE.

Je l'ignore.

FINETTE.

Cherchons, nous n'avons pas tenu une autre route.

EMILIE.

Puisse-t-elle n'être pas tombée entre les mains de mon oncle !.... Ah, notre recherche sera vaine ; retournons.

(Au moment qu'Emilie fait quelques pas pour quitter la Scene, le Marquis se jette à sa rencontre & la retient. -- Lafleur peut imiter cette scene, & former dans l'enfoncement du Théatre une pantomime avec Finette, &c.

LE MARQUIS.

Demeurez, belle Emilie, demeurez de grace : laissez - moi vous jurer à vos pieds l'amour le plus respectueux & le plus durable.

EMILIE.

Quoi, Monsieur, vous pouvez me surprendre ainſi ? .... Levez-vous, levez-vous, vous dis-je. Quelles peuvent être vos vues ; quel ſe-roit votre eſpoir ?

LE MARQUIS.

Puis-je avoir des vues, Mademoiſelle, qui ne ſoient dignes des ſentimens vertueux que vous inſpirez.... Mon eſpoir ?.... Hélas, je ſuis trop malheureux pour oſer former celui de vous plaire. Mais ſi le ſacrifice que je fais à vos char-mes d'un établiſſement infiniment avantageux que j'allois faire ; ſi des mœurs irréprochables, une fortune peu commune, un rang aſſez diſtingué dans le monde.... Si, dis-je, ces foibles avan-tages ne ſont pas trop au-deſſous de vous, per-mettez-moi de vous les offrir... (*Avec dépit & en élevant ſa voix.*) Mais vous ne m'écoutez point !... On m'a bien inſtruit, je le vois, lorſ-qu'on m'a dit que votre cœur ne devoit plus être libre, & que vous épouſiez ſous peu de jours....

SCENE DERNIERE.

LE MARQUIS, LAFLEUR, EMILIE, FINETTE, LE COMMANDEUR.

(*Le Commandeur doit paroître ſur la Scene un peu avant le mot qui l'appelle. Le jeu doit être ici vif & ſentimenté.*)

LE COMMANDEUR, *en arrivant, & du fond du Théâtre, avec beaucoup de gaîté.*

Oui, ſous très-peu de jours... Ah... ah...

LAFLEUR, *à part.*

Gare la bombe.... tout eſt perdu.

LE COMMANDEUR *au Marquis.*

Le Marquis de Francourt.

LE MARQUIS, *d'un ton très-ému.*

Le Marquis de Francourt ; Monfieur ? ... Mais il n'a donc point l'honneur de vous être connu ?

LE COMMANDEUR, *toujours vivement & avec gaîté.*

Peu de fa perfonne, mais bien fes vers ! .... (*En remettant à Emilie la lettre du Marquis.*) Tiens, ma niece, juges-en. (*A part au Marquis.*) Vous, Monfieur le Marquis, touchez-là, & voilà notre connoiffance faite.

EMILIE, *à part à Finette.*

Ah, Finette, je le difois bien ; voici ma lettre !

LE MARQUIS.

Comment ! .... mais Monfieur.....

LE COMMANDEUR, *à part,*

Leur embarras m'enchante ; mais c'eft trop le faire durer. (*A Emilie.*) Eh bien, ferai-je paffer à ton pere la lettre de refus du Marquis de Francourt ? ... N'en veux-tu décidement plus ?

Enfemble. {

EMILIE.

Ah, mon oncle !

LE MARQUIS.

Que vois-je ! Qu'entends-je ! ...

LE COMMANDEUR, *au Marquis.*

Rien de plus fimple ; votre cœur ne vous le dit-il pas ? .... Ma niece eft Emilie d'Orval , que vous alliez époufer à Nantes. ...

L E   M A R Q U I S, *vivement , & baisant la main d'Emilie.*

O bonheur ! ô félicité suprême !....

L A F L E U R, *à part à Finette, & pendant que le Commandeur, Emilie & le Marquis s'entretiennent.*

Parbleu, ceci s'arrange de la meilleure grace du monde !.... Que pense de l'aventure ma belle incomparable ?

F I N E T T E.

Mais, qu'elle est très heureuse pour ton Maître.

L A F L E U R.

Comment, ne le seroit-elle que pour lui seul ? La belle Finette oseroit-elle dédaigner mon hommage ?

L E   M A R Q U I S, *au Commandeur.*

Par quel enchantement le sort comble-t-il aujourd'hui tous mes vœux !....

L E   C O M M A N D E U R.

Pour traiter plus à notre aise notre affaire, j'ai fait consentir mon frere de vous amener à ma nouvelle Campagne, (qui désormais va être la vôtre ;) j'avois pris l'avance avec ma niece, & nous vous attendions son pere & vous depuis deux jours .... l'accident de votre chaise vous évitera la peine d'une plus longue route. Je viens d'expédier à mon frere un courier ; je l'informe de votre aventure, & je le presse de se rendre auprès de nous : vous le verrez bientôt paroître.

Convenez à présent de vos torts à mon égard, mon cher Marquis ; vous avez refusé (poliment à la vérité) mes services que je vous ai fait

offrir au moment de votre petit défaftre..... Si
moins cérémonieux , vous eufliez accepté un
appartement chez moi , nous en aurions plutôt fait conoiffance : mais auffi vous n'auriez
pas eu l'occafion d'écrire (*malignement en s'a-
dreffant à Emilie*) à votre belle Inconnue !...
Allons, allons, ne me boude point, je ne t'en
parlerai plus. --- (*A part au Marquis.*) Marquis , fi une autre fois votre chaife fe brife ,
croyez-moi , plus de façon.... & fur-tout ne
vous prenez pas fi vîte de belle paffion pour une
autre belle Inconnue.

L E M A R Q U I S.

Ah, Monfieur, le Ciel m'infpiroit fans doute !...
Non , divine Emilie , je ne cefferai jamais de
vous adorer.

L A F L E U R, *à part à Finette.*

Eh bien , ma Reine , l'exemple de ta Maî-
treffe ne te fuffit-il pas pour te convertir ?....
tel Maître , tel Valet. Accepte ma main , &
donne-moi la tienne ; tu n'auras nul fujet de
t'en repentir : je fuis.... la meilleure pâte de
diable que tu puiffes jamais choifir.

F I N E T T E.

Soit ; fi tu me trompes, je ne ferai pas im-
punément la dupe.

L A F L E U R.

C'en eft donc fait, touche-là.

A u P u b l i c.

Ma foi, mon Maître eft plus heureux que fage ;
Son aventure ici, confirme un vieux diâon
   Un vieux Proverbe de Village ;
   A quelque chofe, malheur eft bon.

VAUDEVILLE. (*)

LE MARQUIS.

Quel heureux jour !... mon aimable Emilie !...
Non, mon bonheur furpaffe tous mes vœux :
Quel fort jamais, fut plus digne d'envie ?
Il n'en eft point de plus délicieux.
    Tout, quand l'amour fe le propofe,
    Nous amene l'occafion ;
    Ah, je puis dire à jufte caufe,
      A quelque chofe,
      Malheur eft bon.

EMILIE.

Je refufois, faute de le connoître,
L'époux qu'amour, hélas me préparois !
Je fens mon cœur reprendre un nouvelle être ;
Mon cher Marquis, vous comblez mes fouhaits.
    Ah qu'on en jafe, qu'on en caufe,
    Qu'on me donne tort ou raifon....
    Je dirai toujours, & pour caufe,
      A quelque chofe,
      Malheur eft bon.

LE COMMANDEUR.

Dans mon printems, j'ai fait tout comme un autre,
Nous devons tous nos beaux jours à l'amour :
Ce temps n'eft plus !... il fuit avec bien d'autre ;
Dés qu'il s'échape, hélas, c'eft fans retour !
    Mais on fe moque, on rit, on glofe,
    Des froides amours d'un barbon....
    Ce n'eft pas à tort qu'on en caufe,
      A quelque chofe,
      Malheur eft bon.

LAFLEUR.

La jeune Iris, au fond d'un verd boccage
Fut un beau jour furprife par Lucas !

(*) *Il peut fe chanter fur l'air du Vaudeville de San-cho Pança dans fon Ifle, Opéra-Bouffon.*

Elle d'abord, veux faire la fauvage,
Mais en fuyant, elle fait un faux pas!... .
   Lucas pourfuit ---- mais bouche clofe,
   Taifons le refte, pour raifon!...
   Lucas, put dire à jufte caufe,
      A quelque chofe,
      Malheur eft bon.

F I N E T T E. (*Au Public.*)

Heureux, Meffieurs, heureux qui peut vous plaire
C'eft un bonheur ou tendent tous nos vœux :
Si ce defir n'eft point trop témeraire,
Daignez fourire à nos timides jeux.
   Que l'indulgence vous difpofe,
   A répéter à l'uniffon;
  » On dit fouvent à jufte caufe,
     A quelque chofe,
     Malheur eft bon.

F I N.

9 782329 647364